Dieses Buch ist ein Geschenk für:

von:

Datum:

FSC www.fsc.org
MIX
Papier aus verantwortungsvollen Quellen
FSC® C014138

Originally published in English under the title "5-Minute Bedtime Stories"
by B&H Publishing Group, Nashville, Tennessee

Berliner Ring 62, 35576 Wetzlar

3. Auflage 2024
Bestell-Nr. 817846
ISBN 978-3-95734-846-3

Cover-Illustration: Anna Abramskaya
Illustrationen im Innenteil: Valentina Jaskina
Satz: Karolin Offermann
Übersetzung: Verena Keil, Helena Berger
Druck und Verarbeitung: Finidr s.r.o
Gedruckt in Tschechien
www.gerth.de

Pamela Kennedy & Anne Kennedy Brady

Lieber Gott, du bleibst bei mir

5-Minuten-Geschichten zum Einschlafen

Inhalt

Ein Korb voller Beeren

„Viel Spaß, kleiner Bär!“, rief Mama Bär. Der kleine Bär lief los, um Blaubeeren zu pflücken. Seine Mama wollte damit leckere Muffins backen. Mhmm! Ihm lief schon das Wasser im Mund zusammen.

Da sah der kleine Bär etwas Rotes.
Aber es war nur eine Blume.
Dann sah er etwas Oranges.
Aber es war nur eine Feder.

Dann sah der kleine Bär etwas Violettes. Blaubeeren!

Er füllte seinen Korb randvoll mit Blaubeeren. In seinem Mund schmeckte er schon die warmen, saftigen Muffins …

„Hallo, kleiner Bär!“, rief der kleine Fuchs. Er kam näher.

„Was ist denn das?“, fragte er neugierig.

„Das sind meine Blaubeeren!“, sagte der kleine Bär.

„Mhmm. Lecker! Kann ich welche haben?“

Der kleine Bär dachte an Mamas Muffins. Wenn er seine Blaubeeren jetzt teilte … hatte er dann noch genug für die Muffins übrig?

Er schaute seinen neuen Freund an. Dann hielt er dem kleinen Fuchs den Korb hin. „Da, du kannst welche haben!“

Der kleine Fuchs steckte eine Handvoll Beeren in seinen Mund.

Der kleine Bär freute sich. Es ist schön, Sachen mit einem Freund zu teilen!

Das fühlt sich ganz warm im Bauch an, dachte er. Genauso wie Blaubeermuffins!

Kuschelzeit

Vergesst nicht, Gutes zu tun
und mit den anderen zu teilen!
HEBRÄER 13,16; HFA

Gebet

Danke, Jesus, dass du deine Liebe mit mir teilst. Hilf mir, anderen Gutes zu tun. Hilf mir auch, andere lieb zu haben und freundlich zu ihnen zu sein. Amen.

Ein Wort für dich

Kuschel dich in dein Bett und denk mal über das Wort **teilen** nach. Danke Gott für all die wunderbaren Dinge, die er mit dir teilt. Welche Sachen kannst du mit deiner Familie oder mit deinen Freunden teilen? Teilen ist schön, denn damit kann man anderen helfen. Es fühlt sich gut im Bauch an – und es macht froh!

Die kleine Maus

Die kleine Maus sah, wie die Giraffe und der Elefant Ball spielten.

„Du bist zu klein! Du kannst nicht mitspielen!“, riefen sie. Und sie spielten einfach weiter.

„Komm, jetzt spielen wir Fangen!“, sagte die Giraffe zum Elefanten.

„Kann ich mitspielen?“, fragte die kleine Maus.

„Nein, dafür bist du viel zu klein!“, sagten sie.

Die kleine Maus guckte enttäuscht.

„Jetzt spielen wir Verstecken!“, rief die Giraffe.

„Kann ich jetzt mitspielen?“, fragte die kleine Maus.

„Nein. Du bist zu klein zum Verstecken-Spielen“, sagte der Elefant.

Die kleine Maus seufzte traurig.

„Hilfe! Hilfe!“, rief der Elefant plötzlich. Die kleine Maus huschte zu ihm. Sie wollte gucken, was passiert war. Der Fuß des Elefanten war in einer Weinranke gefangen! „Hab keine Angst“, sagte die Maus, „ich kann dir helfen.“ Sie knabberte an der Weinranke. Immer wieder. Endlich hatte sie den langen Zweig durchgebissen.

„Du hast es geschafft!“, jubelte die Giraffe. Der Elefant hob die kleine Maus hoch. „’tschuldigung“, sagte der Elefant. „Wir waren nicht nett zu dir. Du bist nicht zu klein! Vor allem: Du bist nicht zu klein, um einem Freund zu helfen!“

Kuschelzeit

Macht den Ängstlichen Mut. Helft den Schwachen.
Seid geduldig mit anderen.

NACH 1. THESSALONICHER 5,14

Gebet

Danke, Jesus, dass du mir immer hilfst.
Bitte zeig mir, wie ich anderen helfen kann.
Amen.

Ein Wort für dich

Kuschel dich unter die Decke und denke über das Wort **helfen** nach. Gott ist immer bei dir und hilft dir. Wem hast du heute geholfen – und wie? Wem könntest du morgen helfen? Denk an die Maus: Keiner ist zu klein zum Helfen!

Das schüchterne Känguru

„Komm“, sagte Mama Känguru, „wir gehen jetzt zum Markt!“

„Kann ich in deinen Beutel klettern?“, fragte das kleine Känguru.

„Aber möchtest du denn nicht selbst laufen und schauen, was es alles zu entdecken gibt?“, fragte Mama.

„Nein“, sagte das kleine Känguru, „ich … ich trau mich nicht.“

„Hallo, Känga“, rief der Koalabär. „Möchtest du mit mir auf die Bäume klettern?“

„Lieber nicht!“, sagte das kleine Känguru. „Ich trau mich nicht.“

Der kleine Koala hüpfte auf den nächsten Baum. Und er hatte wirklich Spaß dabei!

Dann sah das kleine Känguru die Familie Hase.

„Möchtest du mit uns Blumen pflücken?“, fragten die Hasen-Kinder.

Die Blumen waren wunderschön.

Das kleine Känguru schaute vorsichtig aus dem Beutel. „Äh, nein, ich … ich trau mich nicht“, sagte es.

Und dann verkroch sich Känga wieder in Mamas Beutel.

Schließlich kamen sie auf den Markt. Das kleine Känguru schaute neugierig aus dem Beutel und sah große, saftige Äpfel.

„Oh, die sehen aber lecker aus!“, rief Känga.

„Hm“, sagte Mama. „Ich glaube nicht, dass du sie greifen kannst, wenn du in meinem Beutel sitzt.“

Das kleine Känguru fühlte sich sicher und geborgen in Mamas Beutel. Aber sehr gern hätte es einen leckeren Apfel …

„Mama, hältst du meine Hand, wenn ich aus dem Beutel klettere?“, fragte Känga. „Dann bin ich mutiger.“

„Klar, das mach ich gerne!“, sagte Mama Känguru.

Und an Mamas Hand hüpfte Känga aus dem Beutel.

Kuschelzeit

Seid stark und mutig!
Denn ihr vertraut doch auf Gott.
NACH PSALM 31,24

Gebet

Jesus, bitte hilf mir, wenn ich ängstlich bin. Ich weiß, dass du immer bei mir bist. Deshalb muss ich keine Angst haben. Danke, dass du mich mutig machst, neue Sachen auszuprobieren. Amen.

Ein Wort für dich

Kuschel dich in dein Kissen. Denk mal über das Wort **mutig** nach. Mutig sein bedeutet: Ich vertraue Gott, auch wenn ich ängstlich oder schüchtern bin. Gott wird dir helfen! Er verspricht, immer bei dir zu sein. Überleg mal: Wo kannst du mutiger sein?

Ich bin gar nicht müde

„Komm rein, kleines Zebra! Es ist Zeit, schlafen zu gehen“, rief Papa Zebra.

„Aber ich bin noch gar nicht müde“, antwortete das kleine Zebra. „Schau mal, wie gut ich den Ball fangen kann!“

„Das kannst du wirklich prima“, sagte Papa Zebra. „Aber jetzt ist Zeit reinzukommen.“

Das kleine Zebra trottete zur Haustür. „Okay. Aber ich bin überhaupt nicht müde!“

„Hopp, rein in die Wanne!“, sagte Papa.

„Okay“, seufzte das kleine Zebra und hüpfte in den Badeschaum.

„Aber ich bin gar nicht müde!“

„So, jetzt den Schlafanzug anziehen“, sagte Papa. „Und dann Zähne putzen.“

Das kleine Zebra tat, was Papa sagte. „Awwer üsch bin überauff nüsch müde“, nuschelte das kleine Zebra, während es seine Zähne schrubbte.

„So, jetzt ab ins Bett!“, sagte Papa und trug das kleine Zebra ins Kinderzimmer.

Dann deckte er sein Zebrakind liebevoll zu. „Aber ich bin wirklich überhaupt nicht müde!“, jammerte das kleine Zebra und schaute seinen Papa mit großen Augen an.

Papa las dem kleinen Zebra noch eine Geschichte vor. „Gute Nacht, mein Schatz!“, sagte er dann.

Aber das kleine Zebra antwortete nicht. Denn es war eingeschlafen!

Kuschelzeit

Leg dich ruhig hin. Du brauchst keine Angst zu haben vor der Dunkelheit. Die ganze Nacht wirst du ruhig und tief schlafen.

NACH SPRÜCHE 3,24

Gebet

Danke, Gott, dass du Tag und Nacht bei mir bist. Und danke, dass du mich ruhig schlafen lässt. Amen.

Ein Wort für dich

Kuschel dich schön in deine Decke ein. Und dann denk mal über das Wort **schlafen** nach. Gott weiß, dass du gern spielst. Aber er weiß auch, dass du Schlaf brauchst: damit du morgen wieder wach und fit bist. Und damit du gesund bleibst. Wenn du deine Augen zumachst, dann bitte Gott doch mal, dir schöne Träume zu schenken.

Beschützt und sicher

„Ihr beiden bleibt hier, okay? Im Nest ist es sicher", sagte Mama Rotkehlchen.

„Ja, machen wir", zwitscherten die zwei Vogelkinder und kuschelten sich in das Nest. Mama Rotkehlchen flog aus, um Futter holen.

Der Rotkehlchen-Junge schaute über den Nestrand. „Schau mal!“, piepste er.

„Mama sagt, wir sollen hierbleiben!“, rief das Rotkehlchen-Mädchen aufgeregt. „Ich guck doch nur“, zwitscherte ihr Bruder.

Da landete ein Schmetterling ganz in der Nähe. „Oh! Schau mal“, staunte der Vogel-Junge.

„Der Schmetterling ist hübsch“, antwortete sein Schwesterchen. „Aber Mama sagt, wir sollen im Nest bleiben!“

Plötzlich rutschte ihr Bruder ab. Jetzt hing er mit dem Fuß an einem Ast! „Oh nein!“, rief das Vogel-Mädchen.

In diesem Moment kam Mama Rotkehlchen nach Hause. Sie nahm den kleinen Ausreißer unter ihre Flügel und trug ihn zurück ins Nest.

„Es tut mir leid, Mama“, jammerte der kleine Vogel-Junge. Mama legte ihre Flügel um die beiden kleinen Piepmätze.

„Danke, dass du auf uns aufpasst“, piepsten sie leise.

Mama Rotkehlchen gab jedem einen Kuss und dann sang sie ihre Vogelkinder in den Schlaf.

Kuschelzeit

Wer auf sich selbst vertraut, ist dumm.
Aber wer auf einen klugen Rat hört, ist sicher.

NACH SPRÜCHE 28,26

Gebet

Danke, Gott, dass du
mich immer beschützt.
Bitte hilf mir, auf meine
Eltern zu hören. Sie
meinen es gut mit mir.
Amen.

Ein Wort für dich

Kuschel dich in dein Bett wie die Vögel in ihr Nest. Denk mal über das Wort **sicher** nach. Wer sorgt dafür, dass du sicher bist? Danke Gott, dass er dich lieb hat und immer auf dich aufpasst. Wie kannst du dabei helfen, dass sich andere sicher fühlen?

Gemeinsam schaffen wir das!

Das kleine Eichhörnchen hatte leckere Eicheln hoch oben im Baum entdeckt.

„Los, die holen wir uns!“, sagte das kleine Streifenhörnchen.

„Ich glaub nicht, dass ich das schaffe“, piepste das kleine Eichhörnchen.

„Das ist zu hoch.“ – „Wir machen das zusammen, ist doch klar!“, ermutigte das Streifenhörnchen seinen Freund.

Die zwei Freunde kletterten den Stamm hoch. Dann hüpften sie auf den ersten Ast. „Oh. Das ist noch ganz schön weit!“, rief das Eichhörnchen.

„Keine Sorge“, antwortete das Streifenhörnchen. „Wir machen das doch zusammen.“ Immer weiter kletterten sie nach oben.

„Wir sind fast da!“, rief das Eichhörnchen.

Endlich waren die dicken, leckeren Eicheln ganz nah. „Aah, die hängen viel zu hoch!“, piepste das Eichhörnchen.

„Hm“, überlegte das Streifenhörnchen. „Vielleicht schaffen wir es gemeinsam. Los, spring auf meine Schulter!“

Das Eichhörnchen tat es. Dann streckte es sein Pfötchen aus und pflückte ein paar braune Eicheln von den Zweigen.

„Wir haben es geschafft!“, jubelte das Eichhörnchen. Dann teilte es den Schatz mit seinem Freund. Das Streifenhörnchen konnte aber nichts antworten, denn es hatte seine Backen vollgestopft mit leckeren Eicheln.

Kuschelzeit

Zwei sind besser dran als einer allein,
denn zusammen können sie mehr erreichen.

NACH PREDIGER 4,9

Gebet

Danke, Gott, für
meine Familie und
meine Freunde.
Hilf mir, gut mit den
anderen umzugehen.

Ein Wort für dich

Kuschel dich in deine Decke ein. Und dann denk mal über das Wort **gemeinsam** nach. Gemeinsam Dinge tun macht mehr Spaß. Gemeinsam ist vieles nicht so schwer. Und gemeinsam können wir viel mehr erreichen! Welche Dinge machst du am liebsten gemeinsam mit anderen?

Das schönste Geschenk

Bald hat Mama Elefant Geburtstag. „Mama, was kann ich dir denn zum Geburtstag schenken?“, fragte der kleine Elefant.

Mama hängte gerade die Wäsche auf die Leine. „Du brauchst mir doch nichts zu schenken, Schatz“, antwortete sie.

„Hier, Mama“, sagte der kleine Elefant und reichte ihr ein nasses Handtuch.

„Was möchtest du denn zum Geburtstag haben?“, fragte der kleine Elefant wieder. Aber Mama hatte gerade viel zu tun.

„Ich helfe dir!“, rief der kleine Elefant und deckte den Tisch.

„Was kann ich dir denn schenken?“, fragte der kleine Elefant noch einmal. Aber Mama Elefant war wieder beschäftigt: Sie musste sich um das Baby kümmern.

„Ich brauche doch kein Geschenk, mein Schatz“, sagte sie.

„Hier, Mama“, sagte der kleine Elefant und holte ihr eine Decke für das Baby.

Der kleine Elefant setzte sich auf den Boden. Eine dicke Träne lief über sein Gesicht. „Was ist denn los, mein Junge?“, fragte Mama.

„Ich habe dir gar nichts zum Geburtstag geschenkt“, schniefte der kleine Elefant.

„Oh, mein kleiner Eli-Fant!“, sagte Mama. „Natürlich, du hast mir was geschenkt! Du hast mir den ganzen Tag geholfen. Das war das schönste Geschenk für mich!“

Der kleine Elefant staunte. „Und jetzt habe ich noch ein Geschenk für dich!“, sagte er. Und dann gab er seiner Mama einen dicken Kuss.

Kuschelzeit

Schenkt, was ihr habt,
dann werdet ihr auch beschenkt werden.
NACH LUKAS 6,38

Gebet

Danke, Gott, für alle wunderbaren Dinge, die du mir jeden Tag schenkst. Bitte zeig mir, wie ich andere beschenken kann. Amen.

Ein Wort für dich

Kuschel dich in dein warmes Bett. Und dann denk mal über das Wort **schenken** nach. Weil Gott dich lieb hat, schenkt er dir ganz viel. Danke ihm für seine Geschenke an dich! Jemandem etwas schenken bedeutet, ihm zu zeigen: „Ich hab dich lieb.“ Wem kannst du etwas schenken?

Danke sagen

Die kleine Ente lief fröhlich über die Wiese. Dabei sang sie ein Lied und fing mit ihrem Schnabel Regentropfen auf.

„Oh, herrlich, eine Pfütze!“, rief sie. Und dann hüpfte sie in das Wasser und plantschte in der Pfütze herum. „Danke, Gott, für die Pfützen und die Regentropfen!“, schnatterte sie.

Dann kam die kleine Ente an einen
Bach. „Oh, leckere rote Beeren!“, rief sie.

Die kleine Ente zupfte mit dem Schnabel ein paar Beeren ab. „Mhmm! Danke, Gott, für diese leckeren Sachen!“, sagte sie und freute sich. Dann rupfte sie ein paar Halme Gras und trank vom Wasser.

Langsam ging die Sonne unter. Die kleine Ente sah, wie das kleine Lamm auf der Wiese umhertollte.

„Komm, wir spielen!“, rief das kleine Lamm. Also spielte die kleine Ente mit dem Lämmchen Fangen. Und sie hatten beide viel Spaß dabei.

„Danke, Gott, für meine tollen Freunde!", sagte die kleine Ente. Und dann winkte sie dem kleinen Lamm noch einmal zu.

Die kleine Ente watschelte fröhlich nach Hause. Dabei summte sie ein Lied.

„Danke, Gott, für diesen schönen Tag", sagte sie. Und die Abendsonne schien warm auf ihren Rücken.

Kuschelzeit

Dankt Gott für alles! Das ist es, was er von euch möchte.

NACH 1. THESSALONICHER 5,18

Gebet

Lieber Gott, du hast mir so viele wunderbare Dinge geschenkt. Und jeden Tag erlebe ich so viel Schönes. Hilf mir dabei, dir jeden Tag Danke zu sagen. Amen.

Ein Wort für dich

Kuschel dich in dein Kissen. Und dann denk mal über das Wort **danke** nach. Gott hat uns lieb und macht uns jeden Tag viele Geschenke. Wofür möchtest du Gott heute Danke sagen?

Gute Freunde

Es war ein kalter Wintertag. Der kleine Fuchs musste seine wärmsten Sachen anziehen, bevor er zum Spielen nach draußen ging.

Der kleine Fuchs tollte im Schnee herum. Da sah er die kleine Gans. Sie sah sehr traurig aus. „Was ist denn los?“, fragte er. „Mir ist soo kalt!“, antwortete die kleine Gans. „Du kannst meine Mütze haben!“, sagte da der kleine Fuchs.

Etwas später traf der kleine Fuchs seinen Freund, den Igel. Der zitterte am ganzen Körper! „Hier, kleiner Igel. Nimm meinen Schal!“, sagte der Fuchs.

Dann hüpfte der kleine Fuchs weiter und sah den Waschbären. Der kleine Waschbär rieb seine kalten Pfoten aneinander.

„Hier, zieh meine Handschuhe an!“, sagte der kleine Fuchs zu ihm.

Der Wind blies kräftig und es fing an zu schneien. Da kroch der kleine Fuchs zitternd unter eine Tanne.

Aber in diesem Augenblick tauchten Gans, Igel und Waschbär im Schneegestöber auf.

„Du hast uns so lieb geholfen!“, sagte die kleine Gans. „Und jetzt möchten wir dir helfen“, ergänzte der Igel.

Die Gans, der Igel und der Waschbär kuschelten sich ganz dicht an den kleinen Fuchs und umarmten ihn fest.

Der kleine Fuchs lächelte. Jetzt fror er nicht mehr! Ihm war ganz warm, am Körper – und auch in seinem Herzen.

Kuschelzeit

Gott freut sich, wenn du anderen hilfst!

NACH SPRÜCHE 14,21

Gebet

Danke, lieber Gott, dass du so freundlich zu mir bist und dich um mich kümmerst. Bitte hilf mir, anderen zu helfen, wenn ich es kann. Amen.

Ein Wort für dich

Kuschel dich in deine Decke. Und jetzt denk mal über das Wort **Freundlichkeit** nach. Wenn wir freundlich zu anderen sind, dann schenken wir ihnen Gottes Liebe. Dadurch fühlen sie sich besser. Und auch uns macht das glücklich. Kennst du jemanden, der etwas Freundlichkeit braucht? Was kannst du tun, um ihm oder ihr zu helfen?

Warte bitte!

„Mama!“, rief die kleine Giraffe. „Liest du mir was vor?“

„Nicht jetzt, kleine Giraffe. Ich hab zu tun“, sagte Mama.

Die kleine Giraffe seufzte. Dann baute sie aus ihren Bauklötzen einen Turm. Bumm! Jetzt warf sie den Turm um. „Spielst du mit mir Bauklötze, Mama?“, fragte die kleine Giraffe wieder. „Warte bitte noch“, sagte Mama.

„Mamaaa? Bist du jetzt fertig?“, rief die kleine Giraffe ungeduldig.

„Noch nicht, kleine Giraffe. Ich möchte, dass du wartest.“

Aber die kleine Giraffe mochte überhaupt nicht gern warten.

Sie überlegte kurz, ob sie rausgehen sollte. Doch draußen war es ihr zu kalt. „Ich will nicht mehr allein spielen!“, brüllte die kleine Giraffe.

„Bitte warte!“, rief Mama.

Also spielte die kleine Giraffe mit ihrem Stoffnashorn.

„Mama!“, rief sie. „Mein Nashorn ist krank.“

„Ach, kleine Giraffe, du bist mir ja eine“, seufzte die Mama.

Mama kam ins Spielzimmer. Sie hatte einen wunderschönen Wollschal in der Hand. „An diesem Schal hab ich die ganze Zeit gestrickt. Den kannst du jetzt umbinden und nach draußen gehen!“, sagte sie.

Die kleine Giraffe strahlte.
„Oh, Mama! Der ist ja richtig kuschelig!
Ich bin so froh, dass ich gewartet habe!"

Kuschelzeit

Liebe ist geduldig.

1. Korinther 13,4

Gebet

Danke, Jesus, dass du immer Geduld mit mir hast. Bitte hilf mir, auf andere zu warten und geduldig mit ihnen zu sein. Amen.

Ein Wort für dich

Kuschle dich in deine Bettdecke. Und denk mal über das Wort **Geduld** nach. Geduldig sein bedeutet: warten zu können, ohne dass man bockig wird. Jesus weiß, dass Warten schwer ist, aber er möchte dir dabei helfen. Wann ist es dir schon mal richtig schwergefallen zu warten? Wann war schon mal jemand geduldig mit dir? Wie kannst du zeigen, dass du Geduld hast?

Freude finden

„Mama“, jammerte der kleine Jaguar, „mir ist soo langweilig.“

„Warum gehst du nicht auf eine kleine Freudenjagd?“, sagte Mama.

„Was ist das denn?“, wollte der kleine Jaguar wissen.

„Na, du gehst spazieren und schaust, wo Gott überall Freude versteckt hat.“ Mama lächelte.

Aber der kleine Jaguar sah verwirrt aus. „Versuch es doch einfach!“ Damit schob Mama den kleinen Jaguar sanft zur Tür hinaus.

Der kleine Jaguar war noch nicht weit gelaufen, da hörte er ein leises Surren.

Eine Libelle mit glänzenden Flügeln schwebte vor ihm in der Luft.

„Oh“, staunte er, „du hast so eine schöne Farbe!“

Kurz darauf entdeckte der kleine Jaguar einen rauschenden Bach, voll glitzernder Kieselsteine.

„Oh, wie toll!“, freute er sich.

Und dann sang noch ein kleiner Vogel fröhlich: „Tschick-ee-dieeee“.

„Du singst so schön!“, rief der kleine Jaguar begeistert.

Dann kehrte der kleine Jaguar um. Er wollte wieder nach Hause.

Da sah er plötzlich einen leuchtenden Regenbogen am Himmel.

„Ooooh“, rief er. „Das ist großartig!“

Als der kleine Jaguar zu Hause ankam, saß Mama gerade auf der Terrasse.

„Mama, Mama!“, rief er aufgeregt, „ich habe sie gefunden, die Freude! Ganz viel Freude!“

Mama lachte. „Siehst du, mein kleiner Jaguar, Gott schenkt uns überall Freude. Wir müssen nur genau hinsehen.“

Kuschelzeit

Du schenkst mir so viel Freude, Gott.
Ich juble laut über das, was du gemacht hast!

NACH PSALM 92,5

Gebet

Danke, lieber Gott, dass du die Welt gemacht hast. Und überall ganz viel Freude versteckt hast. Bitte hilf mir, die Freude überall zu entdecken. Amen.

Ein Wort für dich

Kuschele dich in dein Kissen. Und denke mal über das Wort **Freude** nach. Weil Gott uns liebt, hat er uns so viel Schönes geschenkt. Er hat die Welt wunderbar gemacht. Worüber freust du dich, wenn du durch Gottes schöne Welt läufst? Und wie kannst du diese Freude mit anderen teilen?

Gebet hilft

Draußen vor dem Fenster blies der Wind. Es regnete kräftig. Und ganz dunkel war es.

„Papa!“, rief der kleine Löwe. „Ich hab Angst!“

„Das sind nur der Wind und der Regen“, sagte Papa sanft. „Komm, wir beten. Jesus wird dir helfen, damit du keine Angst mehr hast.“

Papa und der kleine Löwe beteten zusammen. Danach fühlte sich der kleine Löwe gleich besser. Und es dauerte gar nicht lange und er war eingeschlafen.

Am nächsten Tag war Kindergottesdienst. „Ich hab Angst, Mama“, jammerte der kleine Löwe. „Ich kenn doch noch gar niemanden da!“ Mama nahm den kleinen Löwen auf seinen Schoß. „Komm, wir beten“, sagte sie. „Gott hilft uns, wenn wir ihn bitten.“

Als sie zusammen zum Kindergottesdienst gingen, fühlte sich der kleine Löwe schon viel besser. Er hatte gar keine Angst mehr.

„Herzlich willkommen bei uns!“, sagte Freddy Bär, der Gruppenleiter. „Schön, dass du da bist!“

Die Kinder übten heute ein neues Lied. Das wollten sie später den Eltern vorsingen.

„Oh, ich hab Angst!“, sagte da der kleine Tiger. „Was ist, wenn ich den Text vergesse?“

Aber der kleine Löwe sagte zu ihm: „Komm, wir beten! Gott hilft uns, wenn wir ihn darum bitten!“

Und das taten sie dann. Alle zusammen.

Kuschelzeit

Habt keine Angst, sondern betet für alles.
Sagt Gott, was ihr braucht, und dankt ihm.

NACH PHILIPPER 4,6

Gebet

Danke, Gott, dass ich immer zu dir beten kann, wenn ich Angst habe. Du hörst mich. Danke dafür. Amen.

Ein Wort für dich

Kuschele dich in deine warme Decke. Und dann denk mal über das Wort **Gebet** nach. Beten heißt: mit Gott reden. Wir können immer und überall mit Gott reden. Egal, wie wir uns fühlen. Gott hört uns, wenn wir beten. Was möchtest du Gott jetzt sagen? Vertraue darauf, dass Gott dich immer hört und dir antwortet.

Die Überraschung

„Mama!“, rief das kleine Lamm. „Haben wir Klebstoff?“ „Klar! Hier hast du die Flasche“, sagte Mama.

„Und Nudeln?“, fragte das Lämmchen weiter. Mama nickte und füllte eine Schüssel mit kleinen Nudelhörnchen.

„Was hast du denn vor?“, fragte Mama neugierig.

„Das ist eine Überraschung!“, antwortete das kleine Lämmchen.

Das kleine Lamm lief in sein Zimmer. „Mama!“, rief es nach einer Weile. „Haben wir auch Malfarben?“

„Ja“, rief Mama zurück und brachte dem kleinen Lamm die Farben. „Du bist ja richtig beschäftigt!“, staunte sie.

„Na klar, ich mach ja eine Überraschung“, antwortete das kleine Lamm.

Mama lächelte und lief wieder aus dem Zimmer. Das kleine Lamm bastelte und klebte und malte den ganzen Nachmittag.

„Mama!“, sagte das kleine Lamm am Abend. „Ich hab was für dich!“ – „Was denn?“, fragte Mama neugierig.

„Na, rate mal!“, lachte das kleine Lämmchen.

„Ist es ein Boot?“, fragte Mama.

„Nein!“ Das kleine Lamm schüttelte den Kopf.

„Ist es eine Badewanne?“

„Nein“, kicherte das kleine Lamm.

„Ist es vielleicht ein Kuchen?“, überlegte Mama weiter.

„Ta-daa, Überraschung!“, rief das Lämmchen und hielt sein Kunstwerk hoch. „Oh, wie schön!“, sagte Mama voller Freude. Und sie umarmte das kleine Lämmchen ganz fest.

Kuschelzeit

Jesus sagt: Habt euch lieb – so, wie ich euch liebe.

NACH JOHANNES 15,12

Gebet

Danke, Gott, dass du mich lieb hast. Bitte zeige mir, wie ich andere lieb haben kann. Amen.

Ein Wort für dich

Kuschele dich in dein Bett. Und dann denk mal über das Wort **Liebe** nach. Ist es nicht toll zu wissen, dass Gott dich sehr, sehr lieb hat? Überleg mal, wie Gott dir zeigt, dass er dich gernhat! Wie kannst du anderen zeigen, dass du sie gernhast?

Der gute Freund

„Au, au!“, jammerte der kleine Waschbär. „Mein Schwanz hat sich im Zaun verfangen!“

Der kleine Waschbär zog und zog, aber sein Schwanz steckte fest.

Ein Eichhörnchen saß auf einen Ast in der Nähe des kleinen Waschbären.

„Kannst du mir helfen?“, fragte der kleine Waschbär leise.

„Jetzt nicht“, sagte das Eichhörnchen. „Ich muss Nüsse sammeln.“

„Hilfe! Hilfe!“, rief der kleine Waschbär verzweifelt. Plötzlich sprang ein Fuchs aus dem Gebüsch.

„Oh, wie gut, dass du hier bist“, schniefte der kleine Waschbär. „Kannst du mir helfen, meinen Schwanz aus dem Zaun zu ziehen?“ – „Ich kann nicht“, sagte der Fuchs. „Ich bin auf dem Weg in meinen Bau.“ Der kleine Waschbär begann zu weinen.

Da kam ein kleiner Hase vorbeigehoppelt. „Oh, was ist los?“, fragte das Häschen.

„Ich bin gefangen!“, jammerte der kleine Waschbär. „Und niemand kann mir helfen.“

„Aber ich kann dir helfen!“, sagte der kleine Hase. Er zog vorsichtig an den Drähten des Zauns.

Endlich lösten sich die Drähte – und der Schwanz des Waschbären war wieder frei.

„Oh, danke!“, sagte der kleine Waschbär erleichtert.

„Gern geschehen“, sagte der kleine Hase. „Möchtest du, dass ich dich nach Hause begleite?“ – „Oh, das wäre schön!“, sagte der kleine Waschbär. Und beide liefen fröhlich den Weg entlang.

Kuschelzeit

Geht liebevoll und mitfühlend miteinander um!

NACH SACHARJA 7,9

Gebet

Danke, Gott, für meine Freunde und meine Familie. Danke, dass sie mir helfen und sich um mich kümmern. Bitte hilf mir, Mitgefühl zu zeigen und ein guter Freund für andere zu sein. Amen.

Ein Wort für dich

Kuschele dich in dein Kissen. Und dann denk mal über das Wort **Mitgefühl** nach. Mitgefühl bedeutet: sehen, was der andere braucht, und: ihm helfen. Jesus zeigt uns immer sein Mitgefühl. Und er möchte, dass auch wir mit anderen mitfühlen. Fällt dir jemand ein, der dein Mitgefühl braucht? Wie kannst du es ihm zeigen?

Regeln befolgen

„Mama!“, rief das kleine Panda-Mädchen. „Dürfen wir ins Bambusfeld gehen?“

„Ja, aber geht nicht in den Fluss!“, sagte Mama. „Das werden wir nicht tun“, sagte das Panda-Mädchen. Gemeinsam mit ihrem Bruder lief es zum Bambusfeld.

„Komm, wir bauen uns aus den Blättern eine Kuschelecke!“, schlug der Panda-Junge vor.

Sie hatten viel Spaß beim Spielen.

„Schau mal“, sagte das Panda-Mädchen. „Die Bambuspflanzen dort drüben sehen viel größer aus!“ – „Aber die sind auf der anderen Seite des Flusses!“, sagte ihr Bruder besorgt.

„Ach, wir können doch von Stein zu Stein hüpfen“, sagte seine Schwester. „Dann werden wir nicht einmal nass!“

Vorsichtig hüpfte sie von Stein zu Stein. Sie schaffte es bis in die Mitte des Flusses. Dann rutschte sie aus.

Platsch!

„Hilfe!“, schrie sie und klammerte sich an einen großen Stein.

Der kleine Panda rannte sofort nach Hause und erzählte Mama Panda, was passiert war.

Die Mama lief schnell zum Fluss. Sie watete ins Wasser und hob ihr Panda-Mädchen hoch.

„Es tut mir so leid, Mama“, schluchzte die Kleine.

„Ich hab dich lieb!“, sagte Mama. „Aber hör zu: Ich gebe dir Regeln, damit du sicher bist.“

„Ich weiß“, schniefte das Panda-Mädchen. „Ich werde das nächste Mal auf dich hören.“

„Das ist sehr gut“, sagte Mama. „Komm, jetzt gehen wir erst mal nach Hause. Ich mach dir ein warmes Bad!“

Kuschelzeit

Kinder, hört auf eure Eltern! Darüber freut sich Gott.

NACH KOLOSSER 3,20

Gebet

Danke, Gott, du hast
mir Eltern und andere
Erwachsene gegeben,
die mich lieben und
für mich sorgen. Bitte
hilf mir, dass ich auf
sie höre, damit ich
sicher bin. Amen.

Ein Wort für dich

Kuschele dich in deine warme Decke. Und dann denk mal über das Wort **Gehorsam** nach. Gott gefällt es, wenn wir unseren Eltern gehorchen. Sie und andere Erwachsene geben uns Regeln, weil sie uns beschützen wollen. Was sind gute Regeln, die dich beschützen? Welche Regel befolgst du nicht so gerne? Bitte Gott, dass er dir hilft, gehorsam zu sein.

Ein Geschenk für das Baby

Der kleine Tiger hatte eine kleine Schwester bekommen.

Er pflückte auf der Wiese eine Blume. „Darf ich dem Baby die Blume schenken?“, fragte er.

„Nein“, sagte Mama. „Babys sind noch viel zu klein für Blumen.“

„Darf ich dem Baby mein Spielzeugauto geben?“

„Nein“, sagte Mama. „Babys können noch nicht mit Autos spielen.“

Der kleine Tiger nahm sein flauschiges Lieblingskissen. „Darf ich dem Baby dann mein Kissen geben?“ – „Nein, kleiner Tiger. Babys dürfen auch noch keine dicken Kissen haben.“

Da griff der kleine Tiger nach einem Keks. „Das Baby wird den Keks bestimmt mögen!“, meinte er.

„Oh, mein kleiner Tiger“, sagte Mama. „Babys können noch keine Kekse essen.“

Das Baby weinte und konnte nicht schlafen. Der kleine Tiger überlegte. Und er summte leise eine Melodie. „Hm, hm, was kann ich dem Baby nur sche-henken?“, sang er. Da hörte das Baby plötzlich auf zu weinen. Es schaute seinen großen Bruder an und lächelte.

„Dein Schwesterchen mag dein Lied!“, sagte Mama lachend.

„Ah, dann weiß ich jetzt, was ich dem Baby schenke!“, sagte der kleine Tiger. Und dann erfand er ein neues Lied. Nur für seine kleine Schwester.

Kuschelzeit

Dient Gott mit Freude!
Kommt zu ihm mit fröhlichen Liedern!

NACH PSALM 100,2

Gebet

Danke, Gott, dass ich Lieder singen kann.
Hilf mir, auch für dich und für andere
fröhliche Lieder zu singen. Amen.

Ein Wort für dich

Kuschele dich in deine Decke. Und dann denk mal über das Wort **Lieder** nach. Gott hilft uns auch durch Lieder, damit wir seine Liebe zu uns besser verstehen können. Welches Lied erinnert dich an Gottes Liebe? Möchtest du jemandem, den du gernhast, ein Lied singen?

Mehr Freunde, mehr Spaß

„Ein Sprung, zwei Sprünge, drei Sprünge!" Der kleine Frosch kicherte, als er mit seinen Freunden „Springfrosch" spielte.

Der kleine Frosch machte einen besonders großen Sprung. Und dann sah er den kleinen Spatz. Der schaute von einem Baumstumpf aus zu.

„Hallo!“, rief der kleine Frosch.

„Hallo“, antwortete der kleine Spatz ganz schüchtern.

„Komm, lasst uns Verstecken spielen!“, quakte einer der kleinen, grünen Freunde.

„Ich zähle!“, sagte der kleine Frosch.

„Eins, zwei, drei, vier, fünf …
Ich ko-mme!“

Schnell fand der kleine Frosch seine Freunde. Einer hatte sich hinter einem Stein versteckt. Ein anderer war hinter einen Baumstamm gekrochen. Und der dritte Freund hockte unter einem großen Blatt. Der kleine Spatz sah den Fröschen beim Spielen zu. Er sagte aber kein Wort, denn er war schüchtern.

„Wisst ihr was?“, sagte der kleine Frosch. „Lasst uns eine Hütte bauen!“ Dann hüpfte er hinüber zum kleinen Spatz.

„Willst du mit uns spielen?“, fragte er. „Ja, gerne!“, sagte der kleine Spatz. „Dort drüben liegen viele lange Stöcke!“

Gemeinsam bauten alle zusammen die schönste Hütte aller Zeiten.

„Danke, dass ihr mich zum Spielen eingeladen habt“, piepste der kleine Spatz.

Der kleine Frosch grinste. „Klar doch! Mehr Freunde heißt: mehr Spaß!“

Kuschelzeit

Auf einen Freund kann man sich immer verlassen.

Sprüche 17,17; NL

Gebet

Danke, Jesus, dass du
mein bester Freund bist.
Bitte hilf mir zu sehen,
wenn jemand einen
Freund braucht. Amen.

Ein Wort für dich

Kuschele dich in deine warme Decke. Und dann denk mal über das Wort **Freund** nach. Jesus sagt, dass er unser Freund ist. Er weiß, dass wir auch andere Freunde brauchen. Wer ist für dich ein guter Freund? Gibt es jemanden, der dich als Freund braucht?

Anderen dienen

„Papa!“, rief der kleine Leguan. „Mein Freund, die Schildkröte, ist krank! Können wir Kekse für ihn backen?“
Zusammen holten sie Mehl, Zucker, Butter und Eier.

„Und Streusel!“, sagte der kleine Leguan. „Wir brauchen unbedingt bunte Streusel!“ Als die Kekse fertig waren, füllten sie die Leckereien in einen Korb.

Der kleine Leguan machte sich auf den Weg zur Schildkröte. Unterwegs lugte er unter das Tuch, das über den Keksen lag.

„Mhmm“, sagte er. Das Wasser lief ihm im Mund zusammen. „Was hast du denn da?“, zwitscherte da ein kleiner Vogel.

„Kekse“, sagte der kleine Leguan. „Aber die sind für meinen Freund, die Schildkröte.“

Der kleine Leguan konnte nicht aufhören, an die Kekse zu denken … und an die bunten Streusel.

Vielleicht könnte er ja die Streusel von einem der Kekse runterlecken …?

Kurz darauf kam ein Schmetterling vorbeigeflattert. „Was riecht denn da so gut?“, fragte der Schmetterling.

„Das sind Kekse“, sagte der Leguan. „Mit Streuseln … Aber die sind für die Schildkröte.“

Der kleine Leguan ging weiter. Er versuchte, nicht mehr an die Kekse zu denken.

Dann kam der kleine Leguan zum Haus seines Freundes. Er gab ihm den Korb mit den Keksen.

„Mhmm“, sagte die Schildkröte. „Kekse mit Streuseln! Meine Lieblingskekse!“

Dann nahm sie zwei Kekse und gab sie dem kleinen Leguan. „Danke!“, sagte der kleine Leguan, bevor er hineinbiss. „Kekse schmecken zusammen mit Freunden immer am besten“, sagte die Schildkröte.

Kuschelzeit

Jeder von euch hat Gaben bekommen.
Dient mit diesen Gaben den anderen!

NACH 1. PETRUS 4,10

Gebet

Danke, Gott, dass du mir so viele wunderbare Dinge und Fähigkeiten gegeben hast. Hilf mir, anderen damit zu dienen. Amen.

Ein Wort für dich

Kuschele dich in dein Bett. Und dann denk mal über das Wort **dienen** nach. Denke an alle wunderbaren Dinge, die du hast. Und an das, was du gut kannst. Wie kannst du damit anderen dienen? Wenn wir anderen dienen, zeigen wir ihnen unsere Liebe … und uns macht es auch glücklich!

Die Wahrheit sagen

Die kleine Katze klingelte an der Tür. Sie wollte mit dem kleinen Hund spielen.

„Ich hole schnell den Ball“, sagte der kleine Hund.

„Super!“, sagte die Katze. „Ich warte!“

Aber der kleine Hund vergaß leider, seine Pfoten abzuwischen, bevor er zurück ins Haus sauste … Dann kam er mit dem Ball wieder heraus.

Den ganzen Morgen lang spielten der Hund und die Katze Fangen und Werfen.

„Zeit fürs Mittagessen!“, rief Mama. „Komm rein, mein kleiner Bello.“

Er winkte der kleinen Katze zum Abschied und dann rannte er zur Haustür. Auf der Fußmatte wischte er sich seine Pfoten ab.

„Danke, dass du dir die Pfoten sauber gemacht hast“, sagte Mama.

Dann schaute Mama auf den Boden. Sie sah eine ganze Reihe schmutziger Pfotenabdrücke.

„Oh, woher kommen die denn?!“, fragte sie.

„Keine Ahnung! Meine Pfoten sind sauber“, sagte der kleine Hund.

Dann erinnerte er sich.

„Oh“, sagte er und schaute auf den schmutzigen Boden. „Ich hab vorhin vergessen, meine Pfoten abzuwischen. Vorhin, als ich meinen Ball geholt habe. Es tut mir leid, Mama.“

„Ich bin froh, dass du mir die Wahrheit gesagt hast“, antwortete Mama. „Hm, ich … ich putze jetzt den Boden“, überlegte der kleine Hund. „Lass es uns zusammen machen“, sagte Mama. „So geht es schneller.“

Kuschelzeit

Wer die Wahrheit sagt, spricht aus, was richtig ist.

NACH SPRÜCHE 12,17

Gebet

Jesus, bitte hilf mir, dass ich immer die Wahrheit sage, auch wenn es schwer ist. Danke, dass du mir hilfst, das zu sagen, was richtig ist. Amen.

Ein Wort für dich

Kuschele dich unter deine Decke. Und dann denk mal über das Wort **Wahrheit** nach. Ja, manchmal ist es schwer, die Wahrheit zu sagen. Aber ehrlich zu sein ist immer richtig. Jesus hilft uns, die Wahrheit zu sagen, weil er uns liebt. Er wünscht sich, dass wir ehrlich sind. Wo bist du manchmal unehrlich? Bitte Gott für den Mut, die Wahrheit zu sagen.

Die Übernachtung

„Bis bald!" Mama und Papa winkten dem kleinen Igel zum Abschied. „Und viel Spaß!", riefen sie ihm nach.

Der kleine Igel winkte zurück. Er freute sich schon auf die Zeit bei Oma und Opa.

Zum Abendessen machte Oma Spaghetti. Aber es schmeckte dem kleinen Igel nicht so wie Mamas Spaghetti.

Nach dem Abendessen las Opa dem kleinen Igel eine Geschichte vor. Aber Opas Stimme hörte sich gar nicht so an wie Papas Stimme.

Der kleine Igel war plötzlich ganz traurig.

„Was ist denn los?“, fragte Oma.

„Ich vermisse Mama und Papa!“

Oma überlegte. „Weißt du, was ich mache, wenn ich mich alleine fühle?“

„Was denn?“, fragte der kleine Igel.

„Ich rede mit Jesus darüber“, erklärte Oma. „Jesus hilft mir, dass es mir besser geht. Er schenkt mir Frieden.“

„Hm. Denkst du, das klappt jetzt auch bei mir?“, fragte der kleine Igel.

„Versuchen wir es einfach“, sagte Oma.

Der kleine Igel kuschelte sich an die Oma und gemeinsam redeten sie mit Jesus.

„Möchtest du vielleicht ein Bild für Mama und Papa malen?“, fragte Oma, als sie in der Küche saßen.

„Ja! Ich könnte ein Bild malen, auf dem du und ich mit Jesus reden“, überlegte der kleine Igel.

„Das wäre sehr schön!“, sagte Oma und lächelte ihm zu.

„Weißt du was?“, rief der kleine Igel plötzlich. „Ich fühle mich jetzt gar nicht mehr so allein!“

Kuschelzeit

Ich gebe euch meinen Frieden.
Deshalb sorgt euch nicht und habt keine Angst!

NACH JOHANNES 14,27

Gebet

Jesus, ich bin so froh, dass ich immer mit dir reden kann, wenn ich dich brauche. Danke, dass du mir zuhörst und mir Frieden in mein Herz gibst. Amen.

Ein Wort für dich

Kuschele dich ein und denk mal über das Wort **Frieden** nach. Frieden haben heißt, ruhig und geborgen zu sein. Jesus sagt, dass wir mit ihm reden können, wenn wir Angst haben oder uns alleine fühlen. Er will uns Frieden geben. Wie fühlst du dich jetzt gerade? Sag Jesus, dass du seinen Frieden brauchst. Vergiss nicht, dass er sich um dich kümmert.

Der große Krach

Das kleine Krokodil legte den letzten Bauklotz auf seinen Turm. „So!“, sagte es stolz. Das kleine Krokodil war zufrieden mit seinem Bauwerk. Denn es hatte mehr Bauklötze verwendet als je zuvor!

„Tatüüü-tataaa!“, rief seine Schwester. „Notfall!“

Sie spielte gerade Krankenhaus.

„Achtung!“, rief die Schwester des kleinen Krokodils. „Wir kommen!“

„Halt!“, schrie das kleine Krokodil. „Du bist zu nah an meinem Turm!“

Aber die Schwester hörte nicht. Sie gab ihrem Krankenwagen einen kräftigen Schubs.

Das Auto fuhr genau auf den Turm zu. „Neeeiiin!“, schrie das kleine Krokodil.

Peng! Bumm! Der Krankenwagen stieß gegen den Turm und die Bauklötze fielen alle durcheinander. „Du hast den Turm kaputt gemacht!“, weinte das kleine Krokodil.

„Es tut mir leid“, sagte die Schwester leise. „Ich war nur so aufgeregt.“

„Meine ganze schwere Arbeit ist jetzt ein einziges Chaos“, schluchzte das kleine Krokodil.

„Bitte verzeih mir“, sagte die Schwester. „Ich kann dir helfen, deinen Turm wieder aufzubauen!“

Das kleine Krokodil schaute erst zu seinen Bauklötzen, dann zu seiner Schwester.

„Okay, ich verzeih dir“, sagte es und umarmte seine kleine Schwester. „Aber das nächste Mal bitte nicht wieder an meine Sachen fahren, okay?“

Und dann bauten sie gemeinsam einen Turm, der sogar noch höher wurde als der alte Turm.

Kuschelzeit

Wie Gott euch vergeben habt,
so vergebt auch ihr den anderen!
NACH KOLOSSER 3,13

Gebet

Lieber Gott, danke, dass du mir vergibst. Bitte hilf mir, anderen zu vergeben, wenn sie einen Fehler gemacht haben. Und hilf mir auch, ein guter Freund für andere zu sein. Amen.

Ein Wort für dich

Kuschele dich in dein Bett. Und dann denk mal über das Wort **vergeben** nach. Jesus sagt uns, dass er uns immer vergeben wird, wenn wir ihn darum bitten. Es fühlt sich so gut an, wenn jemand uns vergibt! Gibt es jemanden, dem du vergeben solltest? Bitte Jesus, dass er dir dabei hilft.

Gib nicht auf!

„Papa“, jammerte das kleine Hasen-Mädchen. „Ich schaffe das nicht!“

Es lag mit dem Gesicht nach unten im Gras.

„Ich werde nie lernen, wie man hoppelt“, klagte das Hasen-Mädchen.

„Natürlich wirst du das lernen“, sagte Papa freundlich. „Du bist ein starker kleiner Hase. Gib nicht auf!“

Das kleine Hasen-Mädchen versuchte, erst mit einem Bein zu hüpfen, dann mit beiden Beinen.

Aber es fiel immer wieder hin.

„Hey“, rief da der kleine Frosch. „Mach es doch so wie ich!“

Der kleine Frosch hüpfte über einen Baumstamm – ganz einfach.

„Also gut“, seufzte das Hasen-Mädchen. „Ich versuch's noch mal.“ Doch da stolperte es.

Das Hasen-Mädchen prallte gegen den Baumstamm – und verletzte sich am Bein. „Ich werde es nie lernen“, seufzte das kleine Häschen. Aber das Häschen probierte es trotzdem immer und immer wieder.

Eines Tages bat Papa sein kleines Hasen-Kind, die Post zu holen. Ohne groß darüber nachzudenken, hoppelte das Hasen-Mädchen einmal, dann noch einmal, dann noch einmal! Noch bevor das kleine Häschen überhaupt wusste, was geschah, war es schon beim Briefkasten angekommen.

„Papa!“, rief das Hasen-Mädchen. „Ich hab’s geschafft. Ich bin gehoppelt!“ Papa Hase umarmte sein Kind ganz fest. „Du hast es immer wieder versucht, mein kleines Langohr!“, sagte Papa. „Und du hast nie aufgegeben! Sehr gut!“

Kuschelzeit

Tue alles, was du tust, so gut du kannst.

NACH PREDIGER 9,10

Gebet

Jesus, danke, dass du mit mir bist, wenn Dinge schwierig sind. Bitte hilf mir, stark zu sein und nicht aufzugeben. Amen.

Ein Wort für dich

Kuschele dich in deine Decke ein. Und dann denk mal über das Wort **Stärke** nach. Gott weiß, dass manche Dinge schwer sind. Aber Jesus hat die Macht, dir zu helfen. Wenn du das nächste Mal am liebsten aufgeben würdest, dann bitte Jesus: „Gib mir Kraft weiterzumachen." Was ist für dich zurzeit schwer? Magst du Jesus bitten, dir dafür Kraft zu schenken und nicht aufzugeben?

Schlafenszeit

„Zeit fürs Bett, kleine Eule“, sagte Mama.

„Aber ich kann meinen Teddy nicht finden!“, jammerte die kleine Eule. „Ich kann nicht ins Bett ohne meinen Teddy.“ – „Hast du unterm Esstisch nachgeschaut?“, fragte Mama.

Die kleine Eule schaute unter den Tisch. „Hab ihn gefunden!“

„Jetzt geht’s aber wirklich ins Bett“, sagte Mama.

Die kleine Eule hüpfte in ihr Bett und zog die Decke bis zum Schnabel.

„Zeit, deine Äuglein zu schließen“, sagte Mama. „Kann ich noch ein Glas Wasser haben, bitte?“, fragte die kleine Eule. Mama brachte ihr ein Glas Wasser.

„Und eine Geschichte?“, fragte die kleine Eule. „Eine mit ganz vielen Wörtern.“

Mama las der kleinen Eule eine lange Geschichte vor. „Jetzt musst du aber schlafen“, sagte Mama und streichelte dem Eulenkind über die Ohren.

Die kleine Eule zappelte und schlug mit den Flügeln. „Mich juckt's, Mama!"

Mama kratzte der kleinen Eule sanft am Rücken.

„Huhuu, da ist ein Schatten an der Wand", sagte die kleine Eule erschrocken.

Mama ließ die Jalousie herunter.

„Komm, wir beten noch. Dann sing ich dir ein Schlaflied."

Während die Mama sang, gähnte die kleine Eule – und schloss die Augen.

„Gute Nacht, Mama“, murmelte die kleine Eule.
„Schlaf gut, mein kleiner Schatz“, flüsterte Mama.

Kuschelzeit

Kommt alle her zu mir, die ihr müde seid und schwere Lasten tragt, ich will euch Ruhe schenken.
MATTHÄUS 11,28

Gebet

Lieber Gott, danke, dass ich zu dir beten kann, wenn ich ins Bett gehe. Danke, dass du mir versprichst, immer bei mir zu sein. Amen.

Ein Wort für dich

Kuschele dich tief in deine warme Decke. Und dann denk mal über das Wort **Ruhe** nach. Atme einmal tief ein und wieder aus. Danke Gott, dass er dir Ruhe schenkt. Er weiß, dass du zum Wachsen Ruhe und Schlaf brauchst. Gott kann dir helfen, zur Ruhe zu kommen und einzuschlafen.

ANREGUNGEN FÜRS GESPRÄCH

VERGISS NICHT:

Gott schenkt denen Schlaf, die er liebt.

NACH PSALM 127,2

NACHGEDACHT:

In der Bibel (Markus 10,13–16) lesen wir, dass Jesus gerne Zeit mit den Menschen verbracht hat. Auch mit den Kindern. Viele Menschen fragten sich damals, ob Jesus nicht zu beschäftigt ist, um sich mit Kindern anzufreunden. Aber Jesus hat immer Zeit für Kinder! „Lasst die Kinder zu mir kommen!", sagte er. In Vers 16 steht, dass er jedes Mädchen und jeden Jungen gesegnet hat.
Jesus liebt uns. Er freut sich immer, wenn wir mit ihm reden – ob abends im Bett, nach dem Aufstehen, beim Frühstück, während der Arbeit oder beim Spielen. Jesus hilft uns zu erkennen, was wahr ist. Er gibt uns seinen Frieden, damit wir ruhen können. Jeden Abend kuschelst du dich in dein Bett. Nimm dir Zeit, um mit Jesus zu reden. Er ist immer da und er liebt es, dir zuzuhören.

ÜBERLEG MAL:

1. Stell dir vor, du bist eines der Kinder, das in der Bibelgeschichte in Markus 10 zu Jesus kommt. Du wartest, bis du an der Reihe bist. Gleich wirst du Jesus sehen … Wie fühlst du dich? Was möchtest du Jesus als Erstes unbedingt sagen?

2. Denk an die vielen Tiere in diesem Buch. Hast du schon mal etwas Ähnliches wie eines dieser Tiere erlebt? Wie hat Gott den Tieren geholfen? Wie kann Gott dir helfen?

3. Vor dem Einschlafen ist eine gute Zeit, zu beten und Zeit mit Jesus zu verbringen. Was gefällt dir am besten an der Zeit vor dem Schlafen? Betest du gerne zu Jesus, bevor du einschläfst?